ÉLOGE

DE LOUIS XVI,

ROI DE FRANCE ET DE NAVARRE;

PAR M. V. DE N.

PARIS.

ALEXIS EYMERY, Libraire, rue Mazarine, n₀. 3o.
DELAUNAY, Libraire, Palais-Royal, galerie de bois.

1816.

ÉLOGE

DE LOUIS XVI,

ROI DE FRANCE ET DE NAVARRE.

Sɪ le jugement de la postérité doit se mesurer sur la pratique des vertus que l'inégalité des conditions rend plus ou moins difficile, quelle place réservera-t-elle au roi sage, juste, et bon, dont les vues paternelles n'avaient pour but que le bonheur de ses sujets? Mais avant d'accorder ce nom de Grand, trop souvent prodigué à l'élévation qui nous éblouit, ou à des hommes qui ont effrayé et conquis une partie du monde, n'est-il pas juste de se former l'idée de l'homme vertueux qui, avant le conquérant, mérite ce titre, apanage particulier de la sagesse? Et qu'est-il donc l'homme vertueux? n'est-ce pas celui qui, soumettant ses actions au jugement de sa conscience, lui sacrifie constamment les illusions de son amour-propre et de son respect humain? C'est un monarque, ou un sujet, soutenu par le sentiment de ses devoirs envers

Dieu et envers les hommes ; qui ne se laisse émouvoir ni par les attraits de sa passion, quelqu'élevée qu'elle puisse être, ni par les dégoûts qu'entraîne l'adversité.

Si nous admirons ce caractère dans l'homme dont les relations sont multipliées, dans le négociant intègre, dans le juge incorruptible, dans le ministre toujours occupé des intérêts de sa patrie, de quel éclat ne brillera-t-il pas dans un mortel dont la volonté fait la loi, dont les désirs sont prévenus, de l'imagination duquel on écarte la pensée du moindre revers, et dont les faiblesses sont, pour ainsi dire, révérées ! Un prince vertueux fournit l'exemple de la véritable grandeur, parce qu'il est sage selon Dieu ; et j'avance actuellement que le monarque dont ma faible voix entreprend l'éloge, fut non - seulement le meilleur des rois, mais plus encore, l'homme le plus vertueux de son royaume.

Nous sommes forcés d'avouer que la gloire des armes, la rapidité des conquêtes, les calculs du génie reculant les bornes d'un empire, ont quelque chose d'éblouissant qui commande l'admiration ; mais la vertu honorée par la reconnaissance des peuples inspire un sentiment plus qu'humain ; sans doute parce que la Divinité, dont la bonté est l'apanage, communique un rayon de sa grandeur aux bienfaiteurs de l'humanité. Aussi les vertus de Marc-Aurèle, et la clémence de Titus, ont-elles conservé un caractère plus auguste qué celui des triomphes du vainqueur de Darius et du rival de Pompée.

En entreprenant de rendre un juste hommage à la mémoire d'un roi dont nous admirons à la fois et les malheurs et les vertus, quel habile pinceau ne faudrait-il pas pour les retracer avec des couleurs qui leur fussent analogues ! Quel champ vaste pour un Français, que l'éloge d'un prince qui fut le père de ses sujets, et assez infortuné pour trouver parmi ses enfans des rebelles et des ingrats !

Lorsque la Providence est outragée par la dissolution des mœurs d'une nation, par l'oubli des principes conservateurs des sociétés, elle suscite momentanément ces hommes réservés dans le temps pour ses vengeances : elle frappe, et les sceptres se brisent ; les peuples livrés à eux-mêmes oublient leurs propres intérêts, et les révolutions commencent. Il semble que Louis ait été enlevé aux Français pour justifier cette pensée et laisser à nos descendans un exemple de ces vicissitudes qui sont tout à la fois la leçon des peuples et des rois.

Si j'avais à parler de ces actions d'éclat, de ces combinaisons politiques qui changent la face des empires, il me serait facile de trouver des points de comparaison dans les annales de l'histoire, qui consacrent les règnes de Charlemagne, de Henri et de Louis-le-Grand. Dans l'imitateur du premier de ces monarques, j'apprécierais cette force de caractère qui préside à la gloire du trône et influe sur l'existence des nations. Si j'avais à présenter un modèle du vainqueur d'Ivry, je ferais observer la prudence dirigeant la valeur, et les conceptions d'un grand capitaine réunies à l'exécution de ses projets. Si le règne d'un héritier de Louis XIV m'offrait la description des mêmes actions, j'envisagerais un peuple enorgueilli du nom de Français ; j'exposerais à vos regards des monumens, des canaux ouverts au commerce, et une grande latitude donnée à l'industrie ; des ministres et des généraux habiles ; les sciences et les arts encouragés, se disputant le droit de transmettre à la postérité la gloire de nos armes ; et pour tout dire, je vous laisserais dans l'indécision du choix entre les siècles de Périclès et de Louis : mais aujourd'hui je n'ai point à étudier la valeur de ces trophées, de ces inscriptions qui attestent la grandeur du monarque et les efforts des sujets; toutes mes pensées doivent se porter sur la bonté, les malheurs et les vertus d'un descendant de saint Louis.

Louis-Auguste de Bourbon reçut de la nature cet esprit qui fait deviner aux princes que la vérité doit être éloignée du trône; mais il reçut en même temps une âme aimante, et le premier besoin de son cœur fut le soulagement des malheureux. Vous rappeler qu'à une époque où il n'avait encore ni l'espoir ni le désir de régner, il donnait déjà des exemples de sagesse, ce serait prouver qu'il était l'héritier légitime de ces monarques dont les soins avaient porté la France à un état de splendeur désespérant pour ses voisins : chez lui le respect des mœurs et de la religion s'alliait avec le goût des arts et des sciences; dès sa plus tendre jeunesse il remplit les devoirs que la Providence impose à la grandeur, et si tous ses efforts devaient un jour devenir inutiles, ce n'était pas sa bonté qui dès lors préparait sa chute, mais bien les desseins de cette même Providence qui se joue de la fermeté des hommes, quand elle a décidé la ruine d'un empire.

Tel était Louis, lorsque le 10 mai 1774 son auguste aïeul lui laissa un trône ébranlé à soutenir et des vertus à développer. Entouré des prestiges qui assiégent avec opiniâtreté les rois, le jeune prince opposait aux piéges qui se multipliaient sous ses pas, les devoirs de sa condition et les intérêts de son peuple. Plus d'une fois on lui entendit répéter cette maxime qui seule fournirait la matière d'un éloge : « Les rois ne sont établis sur la terre » que pour rendre les hommes heureux par » leur conduite, et vertueux par leurs » exemples. » Alors la France crut entendre une seconde fois la voix de l'auguste élève de Fénélon, et s'imagina recueillir le prix des soins de l'archevêque de Cambrai.

La magnificence de Louis-le-Grand, les finances épuisées par les dépenses de la guerre de 1756, la difficulté de diminuer les impôts en raison des besoins de l'état, la cherté du pain, monopole odieux, mais inévitable dans ces momens de crise où l'avidité trouve une nouvelle route à parcourir, tout semblait se réunir pour préparer à Louis XVI des difficultés insurmontables. Pensez-vous que dans cette position déchirante pour son âme sensible, il se borne à déplorer les malheurs de son peuple? il fait plus, il interroge sa conscience. Elle lui répond, que celui dont il tient le sceptre peut le soutenir au milieu des écueils, et lorsque salué roi de France et de Navarre, les acclamations des courtisans parviennent à son cœur, il lève au ciel des yeux baignés de larmes en s'écriant : ô mon Dieu, mon Dieu, aidez mon insuffisance !

Limité par les bornes que prescrit un éloge , je suis forcé de passer sous silence les premières années d'un règne marqué par des vertus ; mais je ne puis me dispenser de rappeler que ce qui en illustra le début fut qu'en prenant les rênes du gouvernement, Louis renonça au droit de joyeux avènement, et j'ajouterai que l'édit qu'il fit paraître dans cette circonstance , renouvela le souvenir d'un prince qui regardait comme perdu le jour où l'occasion de faire le bien ne s'était pas présentée.

Cette charité touchante , qui distingue si éminemment l'auguste dynastie des Bourbons, se montrait dans tout son éclat lorsque les souffrances des malheureux s'offraient aux regards de Louis, et l'hiver de 1776 fit briller cette vertu qui, sur le trône, a quelque chose de divin. Un roi de France , parcourant incognito les rues de Versailles, distribuant des secours, faisant allumer des feux publics aux pieds de ces monumens qui attestaient

*

la grandeur de Louis XIV , portant lui-même
des paroles de paix et de consolation dans
les asiles de l'infortune , ignorés ou méconnus
à dessein par des riches insensibles : tel fut
le spectacle qu'offrit à l'Europe le digne héritier de saint Louis ; tel était l'emploi des
momens qu'il pouvait dérober aux affaires;
mais les intérêts de son royaume exigeaient-
ils sa prévoyance? Le port de Cherbourg s'é-
levait pour faire connaître que le combat de
la Hogue ne devait plus se renouveler , et
le chef de l'état paraissait sur les côtes pour
accélérer les travaux. De nouveaux bienfaits
signalaient sa présence , et long-temps on
citera avec attendrissement cette réponse à
une geôlière qui lui demandait la grâce de
trois déserteurs. « De tout mon cœur, s'écria
» Louis ; je voudrais que vous l'eussiez solli-
» citée pour quatre. » D'un autre côté la
dignité de sa couronne commandait-elle cette
noble fierté qui inspire le respect? Louis sai-
sissant toutes les nuances de la véritable
grandeur , répondait à un prince de la
maison de Loraine, qui, blessé d'un refus,
osait lui dire : « Songez, Sire, que les prin-
» ces de ma maison . . . . — Songez
» aussi, Monsieur, que tous les rois de
» la mienne n'ont jamais appris de per-

» sonne à faire ce qu'ils ont cru de leur
» devoir. »

Personne n'ignore jusqu'à quel point Louis
porta les connaissances de la géographie. Il
ne se borna pas à considérer l'influence des
climats sur les mœurs des peuples, il voulut
encore que ses sujets profitassent des leçons
de l'expérience. Ce motif le détermina à former une association d'hommes éclairés, aux-
quels il confia le soin d'interroger la nature
dans les contrées lointaines, et de lui rappor-
ter des vérités utiles. Il traça lui-même le
plan de l'exécution, et l'histoire conservera le
souvenir de ces instructions, qui furent ad-
mirées par les géographes et les voyageurs
célèbres.

Puis-je actuellement me dispenser de parler des vertus religieuses qui font le sujet fidèle et le roi père de ses sujets? Ne serait-ce
donc qu'à l'éloge funèbre qu'appartiendrait le
droit de rendre hommage à la piété qui fit la
gloire de saint Louis! Ne serais-je pas inex-
cusable d'oublier ces momens précieux pour
la postérité, où Louis, dans le silence de la
retraite, s'isolant au milieu de sa cour, ne
cessait d'adresser au ciel ses vœux pour le
bonheur des Français!

Pour ce prince, la pratique des devoirs que

nous impose la religion, ne fut jamais sou-
mise à ces calculs de l'orgueil que l'élévation
cherche en vain à légitimer. Fidèle observateur des préceptes de l'église, il ne partagea
pas l'opinion désastreuse de ces hommes qui
rougissent de servir le roi des rois, et se
croient en quelque sorte dispensés de l'exemple des vertus chrétiennes, que réclame im-
périeusement la voix du peuple auprès des
grands. Alors le scandale était exclu du
Louvre, et venait se réfugier dans ces antres
où la philosophie moderne préparait nos malheurs et nos discordes. Tandis que la France
se livrait avec une homicide sécurité aux sé-
ductions de cette doctrine impie et sacrilége,
Louis comparait avec douleur l'insuffisance des
remèdes contre les progrès du mal : mais que
pouvaient ses efforts pour prévenir l'accom-
plissement d'une révolution que la corruption
des mœurs avait rendue inévitable? Que pouvait sa sagesse contre les fallacieuses promesses
des esprits novateurs, qui depuis si long-
temps présentaient au peuple l'autorité légitime comme un esclavage, et la liberté cri-
minelle comme un bienfait?

Au milieu de ces désordres, Louis, comptant pour rien les sacrifices qui lui étaient
personnels, pensait-il à réparer l'état de pé-

nurie où se trouvaient les finances? Il avait
à combattre les projets d'hommes ambitieux,
qui, n'envisageant que leurs intérêts, sou-
tiennent leurs prétentions contre les droits du
trône, et comptent pour rien la patrie.

Dirai-je les angoisses du cœur généreux de
Louis, lorsque, forcé de payer à la nature
le tribut de l'humanité, il eut peut-être à se
reprocher d'avoir convoqué les états-géné-
raux? mais en même temps est-il un seul
Français qui osât lui faire un crime de s'être
défié de ses forces, quand il s'agissait du bonheur de ses sujets?

La trop grande bonté, dira-t-on, annonce
des catastrophes sanglantes. Sans doute elle
est faiblesse; je dirai plus, elle est un crime
dans un souverain pour qui la crainte de trou-
bler un règne paisible, l'emporte sur l'obli-
gation de veiller au maintien de l'ordre et de
la tranquillité. Mais à une de ces époques
marquée de toute éternité par la vengeance
céleste, l'indulgence qui pardonne est la
vertu d'un père avare du sang de ses enfans,
parce qu'il serait répandu en vain pour le
reste de la famille.

J'ai entendu encore reprocher à Louis XVI
d'avoir manqué de courage! Pour détruire
une imputation calomnieuse qui m'indigne

autant qu'elle m'étonne, il me suffira de rappeler le sang-froid de ce prince, lorsqu'il
courut de si grands dangers au 20 juin 1792.
Je ne citerai que le trait suivant.

Dans un de ces momens où la patience et
la modération inspiraient à Louis ses réponses
à des sujets rebelles, il accepta une coupe de
la main des conjurés, et la but sans émotion.
Si dans une position où la crainte est légitimée
par les évènemens, la tranquillité de l'âme
n'est pas l'effet d'un courage sublime, cessons
d'admirer l'héroïsme d'un roi de Macédoine,
moins grand dans une pareille circonstance,
parce que le soupçon était moins fondé.

Pour anéantir actuellement jusqu'au moindre soupçon dont la pensée pourrait ternir la
gloire de Louis, je dirai que sa bonté envers
les ennemis de l'ordre social, fut inspirée par
l'impossibilité de punir avec avantage, et si
le glaive de la justice échappa de ses mains
pour venir s'émousser contre la croix de son
Dieu, s'il était vrai qu'il se trompa en imitant
la clémence de celui qu'il représentait sur la
terre, j'en appellerais à mes concitoyens,
plus tard au jugement de la postérité, et je
me bornerais au sentiment de l'admiration
profonde que fait naître le malheur courageux.

Nous ne craindrons pas de le dire avant

l'histoire : l'intérieur de Louis présentait la réunion de toutes les vertus privées, et dans les instans où la majesté réclamait les hommages qui lui sont dus, ces mêmes vertus tempéraient l'austérité indispensable de la représentation royale.

Avançons : Nous touchons à une époque qui demanderait une plume bien autrement exercée que la mienne pour retracer avec vérité la grandeur d'âme du meilleur des rois, s'apercevant qu'il avait réuni des juges lorsqu'il ne cherchait que des appuis.

Tel est le propre de l'ingratitude; elle s'irrite par les bienfaits. Nos annales pourront-elles consigner sans horreur, que les premières classes de l'état osèrent s'ériger en tribunal, et porter leurs clameurs jusqu'au pied du trône? Qui se chargera du soin de faire croire aux générations futures qu'une assemblée à laquelle furent confiés les intérêts de la nation, franchit en un instant l'intervalle qui sépare la vertu du crime, pour offrir à l'Europe le spectacle d'une horde de régicides?

Loin de moi la pensée de confondre avec des factieux, les illustres défenseurs de l'autel et du trône, qui, au sein d'une convention de cannibales, ne craignirent pas d'élever la voix, et sauvèrent l'honneur national! Je ne prétends livrer à l'exécration générale, que les monstres qui, malheureusement nés Français, conçurent et exécutèrent de sang-froid le plan d'un complot parricide.

Tandis que la plus monstrueuse erreur triomphe, et que des sujets rebelles prétendent légaliser le crime, la grandeur de Louis prend un caractère auguste. Sa couronne et sa vie n'ont pas même à ses yeux le prix d'un sacrifice, s'il doit les racheter au prix du sang des coupables. A la vue des persécutions le témoignage d'une conscience irréprochable le soutient, et lorsqu'il a perdu l'espoir de concilier son devoir avec sa justice, alors seulement il abandonne un peuple ingrat que ses efforts ne peuvent sauver.

Je ne m'étendrai pas sur cette fuite à jamais mémorable. Pressé d'offrir à mes concitoyens le modèle de la résignation chrétienne, je me hâte d'admirer le monarque de retour dans sa capitale. Entraîné par le besoin exclusif d'une vénération profonde, je suis dans sa prison un fils de saint Louis, tantôt partageant avec ses enfans le pain de la douleur, tantôt préparant son auguste famille à l'éternité qui s'avance. O combien elle est imposante la majesté royale dans ces momens de tribulations, où les regrets du passé et les affections de la nature ne peuvent ébranler la constance du sage! Français, qui de nouveau serez célèbres par votre amour pour vos rois, relisez les dernières volontés de Louis, et je n'aurai plus à vous demander, si pour mériter le titre de Grand, il faut des victoires et des triomphes. A cette proposition je vois couler vos larmes; mais c'est au pied de l'échafaud que je vous attends. Je renonce à l'espoir de vous donner une idée de la grandeur de Louis, lorsqu'il reçut dans sa prison l'arrêt de sa mort. Je dirai seulement que cette émotion lâche, qui n'est faite que pour les âmes criminelles, paraissait animer ceux qui osèrent se charger d'un pareil message, tandis que le calme de l'innocence marquait la différence qui existe entre le stoïcisme barbare de l'incrédulité et la sécurité de la vertu. Grands de la terre, monarques et sujets, portez vos regards sur un fils de saint Louis se dirigeant vers les demeures célestes : cet exemple appartient à toutes les nations. Il me semble encore entendre les blasphêmes d'une populace effrénée accompagnant le roi martyr priant pour ses bourreaux. Jour fatal qui éclaira notre honte, tu nous fais mépriser le don de la mémoire! Et vous, descendans infortunés de ceux qui commandèrent le crime, vous serez donc forcés de lire dans l'histoire de vos pères, une époque indiquée en caractères de sang. Ah! du moins, vous redirez avec assurance, qu'au moment où Louis fit à son Dieu le sacrifice du trône et de la vie, toutes les faiblesses du monarque s'évanouirent devant la gloire du héros chrétien.

Rhéteurs qui, dans vos lycées, immortalisez avec raison la coupe de Socrate, rappelez sans cesse à nos enfans les derniers instans de Louis. Par ce récit vous enflammerez leurs jeunes cœurs, et ferez passer dans leurs âmes l'enthousiasme pour la vertu. Dans la vie privée du meilleur de nos rois, vous trouverez de quoi former des citoyens qui apprendront que les dignités ne sont rien, si le plus grand avantage, aux yeux de celui qui les possède, n'est pas la facilité de rendre des services à l'état. Ceux que les circonstances destinent à devenir les dépositaires de l'autorité, connaîtront, par cet exemple, l'étendue de leur responsabilité, et la valeur de ces conseils qui tendent à ébranler le trône et à les perdre eux-mêmes. Vous formerez des ministres des autels qui, se bornant aux augustes droits du sacerdoce, n'oublieront plus désormais que le sanctuaire est étranger aux intrigues et à la faveur ; des époux fidèles, qui transmettront à leurs enfans l'honneur avant la fortune ; des magistrats convaincus que le pouvoir de rendre la justice, est la plus belle fonction de l'humanité ; des hommes enfin, qui, dans la position où ils seront placés, concourront à la gloire de la patrie et au bonheur de leurs concitoyens.

C'est au résultat des grands crimes et des grandes vertus que se rattache la philosophie de l'histoire. L'influence de ces époques, sur les mœurs d'une nation, devient plus intéressante pour l'observateur contemporain ; et, sous ce rapport, je me permets de jeter un coup-d'œil sur la consternation de l'Europe à la nouvelle d'un régicide consommé. Louis meurt et n'a fait qu'échanger un sceptre périssable contre une couronne immortelle ; mais celui qui punit jadis le meurtre de ses prophètes va se charger du soin de venger son serviteur ; alors commence la plus sanglante des révolutions. Aux yeux d'un peuple égaré, les devoirs les plus saints ne sont que des erreurs ; les liens les plus sacrés sont rompus. Citoyens, parens, amis s'arment à l'envi les uns contre les autres, et malheur à celui qui n'est pas couvert du sang de ses concitoyens! Tout-à-coup l'anarchie parvient à son comble quand cette liberté, digne fille de l'athéisme, proclame l'impunité, et pour toute consolation, grave sur la tombe de ses victimes, la promesse d'un sommeil éternel. A la vue de ses étendards, entourés de crêpes funèbres, chacun veut éviter la mort et la rencontre en fuyant. Un instant le pouvoir est partagé entre des mains criminelles : bientôt il est cédé à des mains plus criminelles encore.

Que n'avez-vous été présent à ces scènes d'horreur, vous * dont le génie sut approfondir les causes de la décadence d'un peuple qui fut le plus grand avant les Français! et toi, dont l'éloquence inimitable rendit célèbres la constance et les malheurs des rois, quelle serait sous ta plume la description du triomphe de Louis? Toujours habile à lier les évènemens politiques aux desseins de cette Providence qui les dirige à son gré, peut-être nous ferais-tu observer, que par une de ces destinées qui n'est autre que la pensée de l'Eternel, celui qui devait prolonger la punition des Français, fut rappelé du même

---

* Montesquieu. Grandeur et décadence des Romains.

sol où jadis un grand roi fut chargé de châ-
tier un peuple infidèle. Ainsi tu nous a peint
le législateur des Hébreux , sondant avec
sécurité les abîmes de la mer Rouge ; ainsi tu
nous offrirais sur l'Océan un faible esquif
protegé par le Tout-Puissant pour l'exécution
de ses vengeances. Tu nous mettrais devant
les yeux l'accroissement miraculeux de la
puissance dans un homme destiné à éblouir
le monde : l'empire décerné au prétendu libé-
rateur, et les nations se précipitant sous le
joug. Puis, par une de ces transitions qui
n'appartiennent qu'à l'auteur de l'histoire
universelle, tu découvrirais ce même homme
réduit à ses propres ressources et abandonné
de la Providence suffisamment vengée. Tu
nous arrêterais sur ce résultat de l'abus du
pouvoir, et pour toute leçon, tu nous montrerais celui qui crut occuper impunément
le trône de saint Louis, osant porter une
main sacrilége sur l'arche sacrée ; le délire
s'emparant du nouveau Saül , et le projet de
porter l'épouvante sur les rives glacées du
Nord, précédant la chute la plus instructive ;
les peuples consternés se soulevant et la misé-
ricorde infinie rendant aux rois cette énergie
fille du malheur. Cette digression te condui-
rait à nous faire comprendre la puissance de
l'intercesseur que nous avons auprès du roi

des rois. Alors faisant passer dans nos âmes le besoin de la reconnaissance, tu nous montrerais le roi martyr, fléchissant par degrés la colère céleste, et le calme renaissant peu à peu dans la France. Tu parlerais d'un nouvel oubli de nos devoirs, d'un nouveau châtiment, et enfin tu nous amenerais à cette époque où nous adressons avec transport nos hommages à Louis le bienheureux. Celui qui traça les devoirs des princes au sein de la postérité, payerait aux infortunes de la majesté le tribut d'admiration que lui réserve la postérité; et la dynastie des Bourbons, comptant un intervalle de quelques années dans la succession au trône, mais non dans l'exercice des vertus qui la distingue, serait un sujet digne du chantre du Grand Condé.

Mais où m'emporte la description de nos discordes, quand je dois consacrer à l'éloge du meilleur des rois, des accens inspirés par le retour de son auguste frère? Après tout, je n'ai plus à parler de Louis sur la terre, mais de Louis reposant dans le sein du Dieu des miséricordes, priant pour tous les Français; car s'il appartient à un mortel de connaître la vengeance, nul regret du passé ne peut exister dans l'âme des bienheureux.

Illustre et vertueux héritier de tant de rois, exauce en ce jour les vœux de tes enfans! Nos larmes ont expié nos offenses, et nous sommes dignes de jurer à ton auguste famille autant d'amour que tes bienfaits nous inspirent de reconnaissance. Contemple ces phalanges long-temps victorieuses sous un chef étranger; rends-les désormais invincibles sous leur roi légitime. Et vous, guerriers magnanimes, dont l'ambition fut de soutenir la gloire du nom français, vous qui partageâtes si noblement les malheurs de votre roi, recevez aussi le tribut de la reconnaissance nationale.

Du haut du séjour céleste, les regards de Louis se fixent avec attendrissement sur vos lauriers. Ils seront toujours considérés par lui comme le prix de vos veilles, et d'un sang précieux répandu pour la patrie. Aujourd'hui l'intérêt ne fera plus l'opinion; j'en atteste les sentimens qui sont le partage de mes concitoyens sur les champs de bataille comme dans le repos de la paix.

L'honneur, la patrie et le roi, seront les cris du ralliement qui éteindra pour toujours nos dissensions, et si l'étranger osait concevoir des projets injustes, la défense de nos droits assurerait au nom français une place plus éclatante dans l'histoire.

Pour assurer les fondemens d'une tranquillité durable, ne cessons donc pas de réunir nos efforts pour le soutien du trône et le maintien des lois. Sous le régne de Louis-le-Désiré, nous n'avons plus à craindre de voir les rives de la Seine ensanglantées de nouveau, et tandis que l'union cimentée par la justice, assure, aux exilés que la patrie réclame, d'heureux jours sous le toit paternel, l'espérance descend des cieux, pour apporter à tous les Français la protection de Louis-le-Bienheureux.

En finissant, qu'il me soit permis de former un vœu : je voudrais que dans cette enceinte consacrée à recueillir les restes de nos rois, lorsqu'un jour au milieu de cette poussière auguste, le voyageur cherchera de grands souvenirs, il lût ces mots tracés sur le marbre : *Ici reposent les cendres d'un roi qui fut juste sur le trône, et sage à l'exemple de saint Louis.*

Cette inscription dispenserait la France d'indiquer à la postérité la tombe du monarque que nous pleurons.

DE L'IMPRIMERIE DE J.-B. IMBERT.